DU

MILLIARD

PROMIS

AUX DÉFENSEURS DE LA PATRIE,

ACCORDÉ AUX ÉMIGRÉS, ETC.

[illegible handwritten notation]

DU

MILLIARD

PROMIS

AUX DÉFENSEURS DE LA PATRIE,

ACCORDÉ AUX ÉMIGRÉS,

ET

DE LA DEMI = SOLDE

OCTROYÉE

AUX VÉTÉRANS DE LA VIEILLE ARMÉE,

Par le Capitaine **CONTREMOULINS**, P. M. DE NANTES.

PARIS,

A LA LIBRAIRIE HISTORIQUE D'ÉMILE BABEUF,

RUE DE LA HARPE, N° 11.

ET CHEZ TOUS LES MARCHANDS DE NOUVEAUTÉS

1830.

DU

MILLIARD

PROMIS

AUX DÉFENSEURS DE LA PATRIE,

ACCORDÉ AUX ÉMIGRÉS,

ET DE LA DEMI-SOLDE OCTROYÉE AUX VÉTÉRANS DE
LA VIEILLE ARMÉE.

Louis XVIII, tourmenté par les sangsues des peuples depuis sa rentrée en France, avait eu, sinon la loyale pensée d'être constamment sourd au harcèlement de cette foule de vampires, du moins avait-il eu le bon esprit d'éluder à satisfaire la voracité de ces dévorans, qui, sous le règne glorieux de Charles X, ont enfin été gorgés du milliard d'indemnité. On se demande quel droit avaient ces privilégiés à une aussi grasse curée ? En effet, émigrés un peu plus tôt un peu plus tard, qu'ont-ils fait ou entrepris pour la gloire des Bourbons ?..... Ils se sont, la plupart, déshonorés et salis par leur inconduite ; partout où a passé ce fléau nomade, leur orgueil, leur jactance et leurs fanfaronades les ont fait mépriser ; leur indétermination, pour ne pas dire leur lâcheté, les a fait rejeter de chez toutes les nations.... L'Angleterre même, qui tirait si adroitement partie de tous les élémens qui pouvaient servir sa haine contre la France et son intérêt personnel, a fini par se lasser de solder ces inutiles défenseurs de la légitimité des Bourbons. Ce n'est donc qu'après trente années d'une honteuse léthargie, que, montés en croupe derrière les barbares du nord, ils sont venus entourer les Bourbons de leurs squelettes décharnés, et remettre au jour leurs vieilles épées rouillées pendant la guerre, et remises à neuf pour la paix. Toute leur énergie physique et morale consistait dans leurs beuglemens de *vivent les Bourbons ! vivent l'ancien régime ; les droits seigneuriaux, la dîme*, etc., etc..... Ce sont ces hommes d'une nullité absolue pour lesquels la France a été et est encore grevée d'un milliard. Ce sont eux qui sont venus narguer la

misère et la patriotique résignatiou des officiers
de la vieille armée, qui, depuis trente ans, ré-
pandaient leur sang à la défense du sol français,
à la liberté de leurs concitoyens.... et auxquels
aussi la France, dans les jours de dangers,
avait promis une pareille récompense, ils l'ont
gagnée dans trente campagnes, ils ne l'ont pas
obtenue. L'abeille a vu manger le miel par ces
vils frélons.... Soldat de 93, dois-je rappeler
que deux milliards aussi furent décrétés pour
récompenses aux braves armées de la république. Quel compte la France a-t-elle tenu de
cette promesse solennelle? Je le demande :
quelles réclamations ont été faites par ceux qui,
comme moi, ont survécu à ces mille batailles
qui ont honoré le drapeau français ? Aucune....
Quelle dette plus légitime pour la France que
celle d'être juste envers ceux qui ont tout sa-
crifié pour aller repousser ses indignes agres-
seurs, satellites du despotisme provoqués par les
émigrés français, et payés par l'or de l'Angleterre ?.... Braves soldats de la république et de
l'empire! vous ne songeâtes jamais à une telle
récompense ; la mention honorable que l'on
faisait au gouvernement d'alors, de votre héroïsme, de vos actions que l'on traitait de su-
blime : c'était là la seule récompense qui satisfai-

sait vos grandes âmes ! Tous les jours vous combattiez privés des choses les plus nécessaires ; vous saviez vaincre l'ennemi souvent en nombre numérique plus fort que vous ; vous ne les comptiez pas : votre valeur les tenait pour battus en déployant vos enseignes devant leurs phalanges ! Tous les sacrifices, comme les traits de courage vous étaient familiers ! Vous jugiez la France d'après vos vertus, et vous étiez satisfaits ! Que de droits acquis ont été violés ! que d'espérances légitimes ont été déçues ! Au lieu des honneurs du triomphe qu'à Rome vous eussiez obtenus, vous avez été licenciés, pour récompense de votre courageuse et héroïque résignation : car, qui ne sait que si vous n'eussiez consenti librement à déposer les armes, jamais la dynastie Bourbonnienne n'eût pris racine dans le sol français ? Mais vous avez voulu sauver à votre patrie les déchiremens d'une interminable guerre civile. Vous avez imité votre général, qui est allé mourir à Sainte-Hélène ; vous, vous avez été revêtir la blouse du laboureur et reposer vos têtes altières sous les chaumes.

Mais alors on vous a humiliés, et vous avez encouru les proscriptions ; tous les genres de persécutions ont été accumulés sur vous, en

haine de vos victoires. En vain les Bourbons,
rentrant en France avec une Charte qui n'a
été que déception, assuraient à tous les officiers
français leurs grades, leurs honneurs, leurs
titres, leurs emplois, tout n'a été que mensonge,
et peu de jours étaient à peine écoulés, que les
officiers qui n'avaient pas voulu souiller l'honneur acquis depuis trente années, se sont vu
réduits à la plus affreuse misère, au besoin
même les plus pressans, frappés, en quelque sorte
d'anathème; peu s'en est fallu que tous n'aient
été voués à l'infamie. L'histoire redira aux siè-
cles futurs, qu'après d'aussi longues guerres,
pas un de vous, malgré tant de provocations,
n'a erré sur les grands chemins comme naguère
les chevaliers de la légitimité, détroussant les
passans au nom de l'hôtel et du trône, et que,
fiers de votre indigence, vous avez forcé vos
cruels ennemis à l'admiration.

Il faut cependant le dire, un reste de pudeur
ou de crainte fit allouer à ces officiers, que les
hautes autorités traitaient impudemment de *bri-
gands*, les militaires *de la Loire* appelés *demi-
solde*, c'est-à-dire que MM. les officiers subal-
ternes, depuis le sous-lieutenant jusqu'au capitaine, eurent tout juste pour subvenir à la livre
et demie de pain et la demi-livre de viande (*ra-*

tion du soldat). Le reste de leurs besoins, personne ne s'en occupait; et, faut-il le dire? les généraux, qui ne devaient leurs titres et leurs richesses qu'au courage et à l'héroïsme de l'ancienne armée dont ces anciens officiers étaient l'âme, les abandonnèrent et semblaient même craindre et rougir d'avoir eu l'honneur de les commander. En proie à toutes les persécutions, ils se sont trouvés rebutés par tout ce qui tenait aux autorités, et par tous les serviles qui craignaient le pouvoir ou voulaient en obtenir quelque chose. Ils craignaient la contagion dont ces vieux soldats semblaient être atteints; et même on en a vu en vain offrir leurs services chez des marchands pour y être occupés selon leurs connaissances et même pour des ouvrages grossiers. Enfin, prêts à se soumettre à tout, afin de pouvoir, par ce moyen, subvenir à leurs besoins, être rebutés, ou, en les congédiant, leur dire que l'on craignait de se compromettre; il en est même qui ont été réduits à travailler avec les paveurs. J'en ai vu brouettant des cailloux sur les routes pour vingt-cinq sous par jour, et l'École de Médecine de Paris avait pour portier un ancien capitaine. Quelle leçon pour nos neveux! Si l'on faisait une histoire spéciale des misères et des humiliations aux-

quelles ont été soumis tant d'officiers de l'ancienne armée depuis 1815 jusqu'en 1830......

Il faut l'espérer, le gouvernement actuel
saura, sinon faire oublier de telles indignités,
du moins adoucir de nobles infortunes : c'est
une justice à rendre; il faut l'attendre. Mais
subsidiairement ne sont-ils pas fondés à reven-
diquer ce dont ils ont été si indignement frus-
trés? Sans faire valoir l'état stationnaire dans
lequel ils sont depuis quinze ans, ne pour-
raient-ils pas réclamer comme indemnité de
leurs privations et de leurs souffrances cette
partie de leur solde dont ils ont été si arbitrai-
rement privés?..... Cette indemnité serait plus
juste, sans doute, que le milliard accordé aux
émigrés, et certes ne s'élèvrerait pas jusque là.
Ne pourrait-on pas, par exemple, abrogeant
cette loi de 1827, rendue par des Chambres vé-
nales, ordonner qu'il sera sursis aux paiemens
de ce qui est dû encore par l'Etat aux émigrés,
et que les sommes qui restent à payer seraient
employées à compléter ce qui doit revenir
aux officiers à la demi-solde, privés injustement
de leur traitement pendant quinze ans ? Une
telle décision serait-elle anti-nationale? Non.

Ne serait-ce pas aujourd'hui mettre en pra-
tique la pensée et les vœux si souvent ex-

primés à la tribune par les Foy , les Gérard,
les Lamarque , et qui avaient tant d'échos en
France.

Je laisse à tous les Français à en juger ; ils y
ont tout l'intérêt possible. Car il est peu de fa-
milles qui n'aient été humiliées dans l'un de ses
membres officier en demi-solde.

Il faut encore signaler à toute la France jusqu'où l'ancien gouvernement a porté son injus-
tice, pour parler plus franchement, sa spolia-
tion et sa mauvaise foi envers les officiers de
la vieille armée. Lors de son licenciement
(1815), dans les grades de lieutenans et capitaines, il y avait différentes classes aux-
quelles étaient attachés des émolumens diffé-
rens. Dans le grade de capitaine, par exemple,
il y avait trois classes : la première avait 2,400 fr.,
la deuxième 2,000 fr., et la troisième 1,800 fr.
Sans vouloir que l'on ait conservé et appliqué
la demi-solde à chaque capitaine selon son
rang, ce qui eût paru de toute justice, au moins
aurait-on dû prendre le terme moyen de ces
trois différentes classes pour faire l'application
générale sur MM. les capitaines tous indis-
tinctement ; ce qui aurait porté la demi-solde
à 1,033 fr. 33 cent. Certes, aucuns capitaines de
première et deuxième classes n'auraient murmu-

ré, parce que le moins perçu par eux serait ve-
nu au bénéfice de leurs camarades de troisième
classe. Mais, au lieu de suivre une marche dic-
tée par la justice, les ministres officieux de ce
tems trouvaient que c'était agir généreusement
que d'appliquer à tous les capitaines la demi-
solde de la troisième classe, assujétie à la retenue
pour les invalides. Il faut l'avouer, c'était bien là
une justice jésuitique. Et, chose inouie! parmi
les généraux de l'ancienne armée, qui tous les
jours faisaient leur cour au roi Louis XVIII et
ensuite la firent à Charles X., aucun n'a jamais
eu la générosité de faire quelques représenta-
tions à et égard, pas même à une époque où
ils fùrent, eux, favorisés de la solde entière atta-
chée à leur grade. Satisfaits de leur position, ils
ont craint ou dédaigné de parler dans l'intérêt
des officiers inférieurs.

Je ne pense pas que l'on puisse nier l'injus-
tice dans l'application de la demi - solde,
car elle est péremptoire. Cependant un plus
grand abus reste encore à signaler depuis 1824.
Il n'existe plus de troisième classe dans le grade
de capitaine; il n'y a plus que la première
classe de 2,400 fr., et la deuxième et dernière
classe de 2,000 fr., le terme moyen de ces deux
classes est de 2,200 fr., la demi-solde est donc

de 1,100 fr. ; le calcul est facile. Eh bien ; l'on a jugé encore plus facile de continuer à nous payer sur le pied d'une classe qui n'existe plus, et qui a disparu depuis six années du tableau de la solde des officiers du royaume. Pourquoi donc cette exception ? Si cette solde nous eut été allouée ou appliquée comme solde de retraite ou de réforme, bien ; on sait qu'une decision prise, juste ou injuste, il est d'usage de la maintenir, aussi je me garderais bien d'en rappeler. Mais ici c'est à titre de non-activité, et de disponibilité que nous recevons cette solde. Cependant nous nous trouvons dans l'obligation de partir, dans les vingt-quatre heures, pour une destination quelconque, selon le bon plaisir du ministre de la Guerre. Nous faisons donc partie, en quelque sorte, de l'armée active, puisque nous sommes en congé illimité. Notre position est d'autant plus critique, que toujours à la disposition du ministre de la guerre, et beaucoup moins retribués que si nous eussions été mis à la retraite, nous ne pouvons rien entreprendre, soit dans le commerce ou toute autre branche, sans compromettre l'intérêt des personnes qui auraient confiance dans nos connaissances, soit commerciales, soit manufacturières. Tel est la position pénible de beaucoup d'officiers ; .

depuis nombre d'années, et, pour mon compte personnel depuis onze ans, me trouvant en congé illimité depuis 1819.

Eh quoi! l'on pourrait trouver injuste que tous les officiers dans cette position sollicitassent du Gouvernement à l'avènement duquel ils ont la plupart tous concouru, pour que l'on prît, le plus tôt possible, toutes ces justes observations en considération ? Le penser même serait faire une insulte au Roi constitutionnel, et aux deux autres branches du pouvoir ; ne pas rendre justice aux vainqueurs de Fleurus, Iéna, Austerlitz, Wagram et Waterloo, serait, en quelque sorte, confirmer les injustices et les humiliations dont l'ancien Gouvernement les a abreuvés. Ce serait enfin mettre leurs droits en question, et placer leur mérite au-dessous de celui des émigrés, qui se sont alloués un milliard dont ils ont dévoré, sans doute, grande partie ; mais dont la partie restante devra essentiellement être employée au soulagement des débris des anciens soldats de la république et de l'empire.

Certes, la France applaudira à toutes les mesures qui seront prises pour réparer de nobles infortunes ! Nous avons voulu signaler quelques injustices dont nous avons été et dont plusieurs d'entre nous sont encore victimes , et rappeler à la Nation qui seule donne et fait des trônes légitimes, comment les *illégitimes* avaient traité leurs porteurs de rouillardes et de cocardes blanches. Les défenseurs du noble drapeau aux trois couleurs seront-ils dans l'indigence en face du banquet splendide offert à l'émigration?

Imprimerie de A. HENRY , rue Gît-le-Cœur, n. 8.